Sophie Schoenwald, geb. 1980, lebt und arbeitet in Köln. Die studierte Kommunikationswissenschaftlerin reist gern und mag Tiere. Außerdem ist ihre Schwester Zahnärztin und hat eine kleine Tochter, die lustige Tiergeschichten mehr liebt, als sich die Zähne zu putzen. Dadurch entstand die Idee zu »Der große Zahnputztag im Zoo«.

Günther Jakobs, geb. 1978, studierte Illustration und Philosophie in Münster, wo er heute mit seiner Familie lebt und Bücher illustriert. Seine drei Kinder sind nicht immer leicht zum Zähneputzen zu bewegen. Deshalb wünscht sich Günther Jakobs, dass Ignaz der Igel auch mal bei ihnen vorbeischaut.

NACHHALTIG PRODUZIERT

Die Bastei Lübbe AG verfolgt eine nachhaltige Buchproduktion. Wir verwenden Papiere aus nachhaltiger Forstwirtschaft und verzichten darauf, Bücher einzeln in Folie zu verpacken. Wir stellen unsere Bücher in Deutschland und Europa (EU) her und arbeiten mit den Druckereien kontinuierlich an einer positiven Ökobilanz.

FSC www.fsc.org MIX Papier | Fördert gute Waldnutzung FSC® C109273

Originalausgabe

Bei Fragen zur Produktsicherheit wenden Sie sich bitte an:
Produktsicherheit@bastei-luebbe.de

Umschlaggestaltung und Satz: two-up, Düsseldorf
Gesetzt aus der Gnapsmühle
Druck und Einband: DRUK-INTRO SA
Printed in Poland
ISBN 978-3-414-82500-1

17 16 15 14 13

Sophie Schoenwald
Günther Jakobs

Der große Zahnputztag im Zoo

BAUM HAUS

Zoodirektor Alfred Ungestüm hält seine Nase
in die Frühlingsbrise und schnuppert.
Es müffelt im Zoo.
Weit und breit ist kein Besucher zu sehen,
und das, obwohl der Himmel blitzblau
und die Sonne blank geputzt ist.
Auch die Zoobewohner verstecken sich in ihren Gehegen.
Irgendetwas stimmt doch da nicht …

Nur bei Ignaz Pfefferminz Igel herrscht geschäftiges Treiben. Er flitzt hin und her, wischt, fegt und schrubbt in jeder Ecke.

»Ignaz!«, ruft der Direktor.

»Kannst du mir sagen, warum es im Zoo so stinkt?«

Vor Schreck rollt sich der Igel zusammen.

»Ich weiß von nichts«, kommt es aus der Stachelkugel.

»Ignaz Pfefferminz Igel!«

Die kleinen Knopfaugen lugen zwischen den Stacheln hervor.

»Die anderen putzen sich nicht mehr die Zähne«, flüstert Ignaz. »Hat ihnen Ferdie Faultier geraten. Zu anstrengend, hat er gesagt.«

»Aha!« Der Zoodirektor rümpft die Nase und stapft vor dem Gehege auf und ab. Dann bleibt er stehen.
»Ich hab's! Ignaz, ich brauche deine Hilfe.«
»Wobei denn?«, fragt der Igel und reckt ihm das Schnäuzchen entgegen.
Der Direktor verrät ihm seine Idee,
und prompt rollt Ignaz sich wieder zusammen.
»Das kann nicht Ihr Ernst sein, Herr Direktor«, ertönt es aus der Kugel.
»Oh doch. Und damit basta. Oder besser Pasta. Zahnpasta.«

Am nächsten Morgen bleibt der Zoo geschlossen, und für alle Tiere sind gut sichtbar Schilder aufgestellt worden.

Nur heute:
Großer Zahnputztag im Zoo!
Mit Alfred Ungestüm
&
seinem Gehilfen Ignaz

→ HIER EINTRAGEN..........

Die Nachricht macht schnell die Runde,
aber keiner hat so richtig Lust aufs Zähneputzen.
»Hm«, brummt der Direktor verstimmt,
als er die wenigen Namen auf der Liste sieht.
»Komm, Ignaz, wir haben zu tun.«

Nur heute
Großer
Zahnputztag
im Zoo!
HIER
EINTRAGEN
Nur heute:
Großes
Zahnputztag
im Zoo:
Bitte
eintragen:

Ignaz legt den Kopf in den Nacken
und blickt den langen Hals
von Fräulein Giraffe hinauf.
Höher und höher und höher …
Während Ignaz noch
erstaunt nach oben sieht,
reibt ihm der Direktor schon
den Rücken mit Zahnpasta ein.
»Hopp, hopp, Ignaz.
Rauf auf die Stange«, sagt er.
Da erst bemerkt der Igel
die abenteuerliche
Teleskopzahnbürstenkonstruktion.
In luftiger Höhe schwingt Ignaz
hin und her, und seine Pfötchen
werden schweißnass.
Aber sie schaffen es.
Zufrieden fährt sich die Giraffendame
mit der Zunge über die glatten Zähne
und lächelt Ignaz dankbar an.
Das war vielleicht doch eine
gute Idee mit dem Zähneputzen,
findet er.

Vielleicht aber auch nicht, denkt sich Ignaz,
als er ihren nächsten Kunden sieht.
»Kommen Sie denn nicht mit ins Gehege?«
»Viel zu gefährlich!«, sagt der Direktor
und drückt auf die Zahnpastatube.
»So, und jetzt gut festhalten.«
Als er Ignaz mit Schwung über die Zahnreihen
von Herrn von Löwe schrubbt,
wird dem Igel ganz schwindelig.
Hoch und runter, vor und zurück,
hui, eigentlich macht das fast ein bisschen Spaß.
Ignaz traut sich sogar, die Augen zu öffnen.
Da brüllt der Löwe laut:
»SO FRISCH, SO GLATT, SO WEISS!
ZÄHNEPUTZEN IST TOLL!
SO WAHR ICH FREIHERR VON LÖWE HEISS!«
Gut gebrüllt, denkt sich der Direktor
und angelt Ignaz aus dem Gehege.
Die anderen Zoobewohner recken
neugierig die Hälse.
Und auf einmal füllt sich die Zahnputzliste rasant.

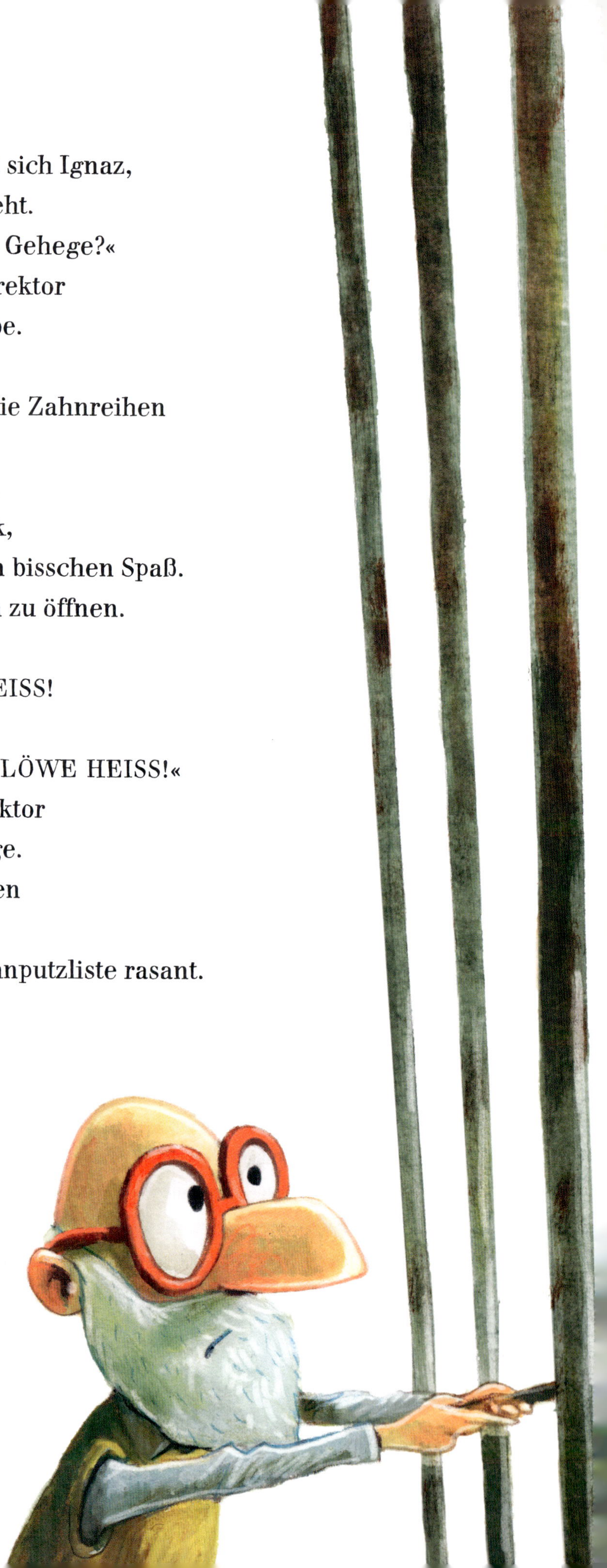

»Ignaz, mir ist zu meinen großen faltigen Ohren gekommen, dass du ein wahres Zahnputznaturtalent bist!«, trompetet Anton, als sie am Elefantenhaus ankommen. Ignaz beäugt Antons riesige Stoßzähne und seufzt. Ganz schön viel zu tun. In dem Moment schlingt Anton den Rüssel um den Igel, schleudert ihn in die Höhe und fängt ihn mit seinen Stoßzähnen wieder auf.

Ignaz jauchzt, Anton trompetet, und der Direktor klatscht freudig in die Hände.

Im Nu blitzen die langen Stoßzähne wieder so weiß wie Schneeglöckchen.

Als Nächstes ist Eddie Ameisenbär an der Reihe.
»Na, das wird bestimmt ein Kinderspiel«, sagt Ignaz und flitzt los.
»Hao, ihr owei!«, ruft Eddie aufgeregt und reckt den beiden sein langes Schnäuzchen entgegen.
Ignaz schaut genauer in Eddies Maul und stutzt.
Auch der Direktor sieht ratlos hinein.
»Waau ihhh looh?«, fragt Eddie.
»Tja …«, druckst Ignaz. »Du hast leider gar keine Zähne, die ich dir putzen könnte.«
Eddies Knopfaugen füllen sich mit Tränen. »Keie Ähhne?«
Aber Ignaz hat schon eine Idee. »Ich putz dir einfach die Zunge«, ruft er schnell, und Eddies Miene hellt sich auf.
»Ihh haae eie gannn lanne Unge«, sagt er stolz und streckt sie raus.

Nachdem alle Fliegen von Eddies Zunge geschrubbt sind, geht es schnell weiter.
Den ganzen Tag putzt Ignaz Zähne. Große und kleine, lange und kurze, stumpfe und spitze, giftige und harmlose.
Das Hängebauchschwein und der Gorilla, das Zebra und das Erdmännchen, der Schabrackentapir und das Krokodil, die Kobra und der Biber.
Sie alle warten geduldig, bis sie an der Reihe sind.

»Mein lieber Ignaz, jetzt steht nur noch ein Kunde auf meiner Liste.« Der Igel gähnt. »Den schaffen wir auch noch«, antwortet er. »Dann komm mal mit«, sagt der Direktor und geht Richtung Aquarium. Ignaz schwant Böses, und wirklich, sie bleiben vor dem Becken von Wilhelm, dem Weißen Hai, stehen.

Heldenhaft setzt sich Ignaz
eine Wäscheklammer
auf die Nase, bevor er
ins Wasser hüpft.
Über dreihundert Zähne
gibt es zu putzen.
Beim letzten Zahn hat
Wilhelm ein besonderes
Geschenk für Ignaz.
Einen Haifischzahnorden
am Algenband, den er ihm
feierlich um den Hals legt.

»So!«, ruft der Direktor, nachdem er Ignaz aus dem Becken gefischt hat. »Alle mal herkommen, ich habe eine Idee.«
»Nicht schon wieder«, stöhnt Ignaz, doch Alfred Ungestüm zwinkert ihm verschwörerisch zu. Er bittet alle Tiere, sich vor der großen Scheibe des Aquariums aufzustellen. Und dann machen sie ein Foto.
»Wir brauchen ein neues Werbeplakat, damit wieder mehr Besucher in den Zoo kommen. Also, ruft alle bei drei: SPAGHETTI!«

Als das Foto im Kasten ist und die Sonne am Horizont verschwindet, trottet Ignaz zufrieden, aber igelmüde zurück in sein Gehege.
»Gute Nacht, Herr Direktor«, sagt er zu seinem Freund und will in seiner Höhle verschwinden.
»Nicht so schnell, mein lieber Ignaz. Hast du nicht etwas vergessen?«
»Was denn?«, fragt Ignaz matt.
»Na, Zähneputzen natürlich!«